Hinten im Buch findest du eine Vorlage
und eine Erklärung, wie du dir selbst ganz leicht
einen Papierflieger basteln kannst!

Anja Rieger, geboren 1961 in Saarbrücken, lebt heute in Berlin. Nach einer Ausbildung an der Staatlichen Zeichenakademie Hanau studierte sie Visuelle Kommunikation an der Hochschule der Künste in Berlin (Abschluss als Diplom-Designerin) und arbeitete einige Jahre in Werbeagenturen als Grafikerin und Art-Direktorin. Seit 1993 ist sie selbstständig und illustriert für Verlage, Werbung und Industrie.
Für ihre Arbeiten erhielt Anja Rieger etliche Auszeichnungen, u.a. war sie Preisträgerin des European Regional Design Wettbewerbs.

Zahlreiche „Lena und Paul"-Geschichten wurden mittlerweile fürs „Sandmännchen" im Kinderfernsehen verfilmt.

Im Baumhaus Verlag sind in der Reihe bereits folgende Bücher erschienen:

Lena und Paul
Lena, Susie und Paul
Paul ist weg!
Paul in Not
Paul hat Geburtstag
Was ist los mit Lena?
Prinzessin Lena/Meins oder deins, Lena? (Doppelband)
Bist du noch mein Freund?
Lena und Paul backen Lebkuchen

ISBN 978-3-8339-0268-0

Lektorat: Anja Bauseneick
Layout u. Satz: Helmut Schaffer
Herstellung: Ortrud Müller

Gesamtverzeichnis schickt gern: Baumhaus Verlag
Ludwigstr. 34 – 37, 60327 Frankfurt
www.baumhaus-verlag.de

5 4 3 2 1 08 09 10 11 12

Anja Rieger

Paul fliegt

BAUMHAUS
VERLAG

Lena und ihr Teddy Paul sind die besten Freunde. Sie machen alles gemeinsam und haben schon viele Abenteuer erlebt.

„Da, schau! Ein Vogel!“, ruft Lena und zeigt in den Himmel. „Ich würde auch gerne fliegen. Das macht bestimmt Spaß.“
Paul möchte lieber auf dem Boden bleiben. Das kann er aber nicht sagen, denn Paul kann nicht sprechen.

„Ich habe eine tolle Idee, Paul!“, sagt Lena
und bekommt plötzlich leuchtende Augen.
„Opa hat mir doch den großen Drachen geschenkt.

Damit könnte man sicher prima fliegen.“
Oh, das ist bestimmt gefährlich, denkt Paul
und sorgt sich, dass Lena abstürzt.

„Und du wirst der mutige Flieger sein, Paul.“
ICH? Paul traut seinen Ohren nicht.
Ob das wohl gut geht?

Schon wenig später schwebt Paul hoch am Himmel.
Lena hat ihn einfach unter dem Drachen befestigt.
Ganz wohl ist ihm nicht dabei.
Außerdem drückt der Gurt.
Wenn man den ein wenig lockern könnte …

Doch Paul hätte den Gurt lieber in Ruhe lassen sollen, denn …

Hilfe! Paul stürzt vom Himmel. Er fällt und fällt, bis er – PLUMPS – mitten in einem Laubhaufen landet.

„Oje, mein armer Paul, wo bist du?“, ruft Lena.

Mit Mama und Papa wühlt sie in den Blättern.
Aber von ihrem Teddy fehlt jede Spur.
„Ich hab einen Apfel gefunden“, sagt Mama.

„Und wo ist Paul?“, fragt Lena.

Mama, Papa und Lena suchen weiter.
„Ich hab eine Mütze gefunden“, sagt Papa.
„Und wo ist Paul?“, fragt Lena.

Langsam macht sich Lena richtig Sorgen.
„Ich habe eine Schaufel gefunden“, sagt sie.
„Aber wo … ?“

Plötzlich blitzt etwas zwischen
den bunten Blättern hervor.
„Das sieht doch aus wie … Paul!
Da bist du ja!“, ruft Lena und ist froh,
dass ihr Teddy endlich wieder bei ihr ist.

Lena drückt Paul ganz fest an sich.
„Schau, was wir alles gefunden haben:
einen Apfel, eine Mütze und eine Schaufel.
Und DU bist der Entdecker!
Denn ohne dich hätten wir jetzt all die
schönen Sachen nicht.“

Stolz nimmt Lena ihren Flieger und Entdecker
in die Arme.
„Schön, dass du wieder da bist“, sagt Lena.
Oh ja, denkt Paul und freut sich.
Ich will auch gar nicht wieder weg.

Und so bastelst du dir deinen eigenen Flieger:

Das Papier mit der blauen Seite (bzw. bei der fotokopierten Version mit den beiden Pauls) nach oben legen.
Einmal längs falten und wieder öffnen.

Die oberen Ecken zur Mitte falten.
Die neu entstandenen Ecken ebenfalls.

Nun den Flieger längs falten …

… und entlang der roten Kante (bzw. bei der fotokopierten Version entlang der Strichellinie) beide Flächen jeweils zurückklappen.

Jetzt noch die hinteren Flügelecken entlang der Strichellinie nach oben falten und die Unterkante nach innen knicken – und schon ist dein Flieger fertig!

Wenn dein Flieger zuerst nicht richtig fliegt, kannst du die hinteren Flügelecken mehr oder weniger stark umbiegen.
Probier es einfach aus!